A Linguagem do Vivente

uma voz, uma via adormecida?

A Linguagem do Vivente

uma voz, uma via adormecida?

Hélène Trocmé-Fabre

TRIOM
Centro de Estudos Marina e Martin Harvey
Editorial e Comercial Ltda
1ª Edição
São Paulo — 2009

Título original
La langage du vivant — une voix, une voie en sommeil?

5, rue des Bonnes-Femmes, La Rochele, France

TRIOM — Centro de Estudos Marina e Martin Harvey
Editorial e Comercial Ltda.
Rua Araçari, 218
01453-020 — São Paulo — SP — Brasil
Tel/fax: 55 11 3168-8380
editora@triom.com.br / www.triom.com.br

Tradução: Mara Welferinger
Revisão: Ruth Cunha Cintra e Vitoria Mendonça de Barros
Fotos da capa e internas: Adriano Gambarini
Capa e diagramação: Casa de Tipos Bureau e Editora Ltda.

Edição patrocinada por Vitoria Mendonça de Barros

Dados Internacionais de Catalogação na Publicação (CIP)
(Câmara Brasileira do Livro, SP, Brasil)

Trocmé, Hélène
A linguagem do vivente: uma voz, uma via adomercida? / Hélène Trocmé-Fabre; tradução de Mara Welferinger.
São Paulo: TRIOM, 2009

Título original: La langage du vivant; une voix, une voie en sommeil?
ISBN 978-85-85464-75-2

1. Aprendizagem 2. Educação - Finalides e objetivos
3. Interdisciplinaridade na edução I. Título

09-03433 CDD-370.1

Índice para catálogo sistemático:

1. Aprendizagem: Filosofia da educação 370.1

Em homenagem a Francisco Varela (1946-2001) que,
com sua imensa contribuição à neurologia e às ciências
do espírito, iluminou o meu olhar sobre o vivente.

Sumário

* NT: Religância, ou capacidade de se conectar, é a característica fundamental de nosso cérebro.

Antes do diálogo, há a escuta
e antes da escuta, há a tolerância.
Luis Ansa

Compreender o homem, compreender a cultura,
compreender o mundo, é o mesmo processo.
Edward T. Hall

A mudança é uma coisa,
aceitá-la é outra coisa.
Arundhati Roy

Ao Leitor

Estou à procura do vivente[1]

Este livro amadureceu durante anos, o tempo necessário para que eu compreendesse e admitisse que um fosso profundo separa nossas línguas europeias da linguagem do vivente. Aproveito para agradecer a todos aqueles que pacientemente escutaram e aceitaram responder às minhas perguntas.[2]

O livro abre-se com duas imagens, duas chaves: presença e diálogo.

Antes de começar a construir o caminho, o significado dessas imagens emerge, repercutindo as frases-chave.

O leitor é convidado a buscar outras imagens, indo ao encontro da presença e do diálogo.

Após um rápido inventário de nossas práticas usuais de linguagem, este livro convida o leitor a ser intérprete do que ele vê (a conectar-se a seus próprios valores) para em seguida tornar-se parceiro de uma reflexão sobre o imenso poder que exerce sobre nós a linguagem e sobre a maneira como a linguagem canaliza, contra nossa vontade, a nossa visão do mundo.

---

[1] Referência ao aforismo atribuído a Diógenes Laércio que, acendendo uma lanterna em pleno dia, teria dito "estou à procura de um homem" (conforme a verdadeira natureza humana e não conforme convenções e preconceitos da sociedade).

[2] O questionário encontra-se no Anexo.

Conscientizemo-nos de que uma outra língua cotidiana é possível, uma língua bem mais próxima do vivente.

A verdadeira conclusão de um livro compartilhado deve ser construída em conjunto. Quatro novas imagens incitarão o leitor a encontrar os "gestos das palavras"[3] que ele traduzirá por sua vez, com seu próprio olhar. É a sua própria história que vai lhe sugerir o ângulo, a luz e o enfoque.

[3] O sentido desta expressão será explicado mais adiante.

Presença

Diálogo

Constatando

Tão longe do vivente

Um rápido inventário das expressões usuais das línguas europeias permite-nos constatar o lugar dramático que ocupa o verbo TER e os seus satélites *guardar, adquirir, perder...* em nossas relações com o meio ambiente, com os outros e a nós mesmos.

Na maioria das línguas europeias, *ter* rege nossas relações com os objetos (*temos dinheiro, temos um carro, temos um teto, temos objetos...*); nossas relações afetivas, com a família, com os amigos (*temos filhos, temos pais, temos amigos...*); nossa relação com o tempo e o espaço (*temos tempo, temos espaço, temos lugar...*). E, ainda mais surpreendente, o fato de utilizarmos *ter* para exprimir nossa relação com nós mesmos (*temos um corpo, memória, conhecimentos, imaginação, uma boa saúde, uma doença...*).

É verdade que a cultura milenar, da qual essas línguas são herdeiras, já conhecia este verbo: *ter* existia em sumério (tuk) e em assírio (ishu).

Também é verídico que a educação, escolar ou familiar, é atualmente a primeira a integrar o par "êxito/fracasso" nos diferentes níveis de nossa vida em sociedade, expressando-os quantitativamente.

Muitas expressões similares ao *ter* são utilizadas para exprimir nosso pesar e nosso luto (*perdemos um parente, um amigo, a memória, a saúde, o gosto... e até mesmo a vida*).

Outra série de palavras, também estagnantes (palavras que nos neutralizam): *o medo de não ter, de não controlar mais, de não mais manter*[4]. No âmbito de nossas línguas ocidentais[5], tão sensível ao mensurável e ao quantitativo, a necessidade de hierarquizar e estabilizar o mundo exprime-se através de etiquetas e referências com a finalidade de nos dar segurança, de nos preservar contra o peso do passado, o medo do futuro e o esquecimento do presente. Somos prisioneiros de uma lógica linear, assim como é o nosso sistema de escrita, irreversivelmente horizontal, da esquerda para a direita, e sob o drapeamento abstrato do alfabeto greco-latino: solto, fora do chão.

Uma violência invisível

Na maneira ocidental de ver, tem-se a impressão de que um ponto de cegueira nos impede de ler e escrever o livro do vivente.

A expressão "o vivente" emergiu recentemente na linguagem corrente. Há apenas duas décadas, este termo era reservado aos biólogos. Hoje em dia, a maioria das pessoas interrogadas sobre as leis do vivente não sabe do que se trata (houve mesmo alguém que queria saber se se tratava de leis francesas!).

Na França, quando os políticos e os membros do Comitê Nacional de Ética se questionam sobre a legitimidade das pesquisas

---

[4] NT: Atente o leitor para a etimologia da palavra: *do lat. manutenere* = ter na mão.

[5] Hesito entre o termo "ocidental" e o termo "europeu", mas acho que as observações que seguem interpelam não somente as línguas europeias (inglês, alemão, espanhol, francês, italiano) mas também os habitantes do "Novo Mundo". O maneira ocidental de pensar, qualquer que seja a sua definição, ultrapassa, amplamente, as fronteiras da Europa.

genéticas, sobre as suas consequências, a sua expansão ou o seu futuro, é surprendente constatar o nível e o peso das palavras utilizadas para designar o que está no âmago do vivente. Para esses "*sábios*", o óvulo é uma *matéria-prima*, o embrião é uma *amostra*, os problemas a serem resolvidos são problemas de *investimento*, de *mercado*, de *lógica*, de *concorrência*, de *patente*, de *propriedade*, de *falsificação*, de *rentabilidade*... E as ações decorrentes das pesquisas sobre o vivente são traduzidas por verbos tais como: *colher*, *obter*, *reprogramar*, *modificar*, *sequenciar*, *dominar*...

Já estamos no início do século XXI, mas o questionamento não tem por objetivo o mistério do vivente. O que interessa é saber se o gene pode ser patenteado e a partir de que instante o embrião é uma pessoa.[6]

Na verdade, o mistério do vivente é ocultado e maltratado cada vez que nos comprazemos com a imagem fossilizada de nós mesmos. Cada vez que esquecemos que somos seres em eterno advir. Cada vez que caímos na armadilha do único verbo "être" que a língua francesa possui, e ao qual confiamos todas as funções: localizar, identificar, designar ou atestar a existência, exprimir uma percepção.[7] Com efeito, para traduzir todas essas funções, um único verbo contribui para dar a perigosa ilusão de que a realidade é o que é percebido e expresso.[8]

No entanto, as nuanças são importantes e certas línguas uti-

[6] O Comitê de Ética é constituído de um especialista em genética, um filósofo, biólogos, um médico, um jurista, dois teólogos, um antropólogo, um ex-senador, um ex-ministro... Em duas horas de debate, o "mistério do embrião" foi tratado uma só vez e, ainda assim timidamente, bem como a palavra "potencialidade". Agradeço ao médico ginecologista do Comitê, o Dr. E. A., por ter tido a ousadia de pronunciar na ocasião a palavra "admiração". Video Coprodução le Miroir, França 5, CNRS, SFR 2002.

[7] NT: Em português: ser, estar, ficar, andar, tornar-se, permanecer...

[8] Sugiro que, em todas as escolas francófonas, seja ensinada a frase de Korzybski "o mapa não é o território" e a frase de Magritte "Isto aqui não é uma maçã".

lizam diferentes verbos, dependendo se o sujeito é animado ou inanimado, se o estado é permanente ou não, se é estático ou dinâmico. Visto que nossa língua cotidiana estrutura nossas paisagens mentais, torna-se primordial ficarmos atentos ao nosso espaço linguístico, que este se abra às nossas emoções, ao respeito ao Outro e à sua natureza de **sujeito** atuante.

Com o verbo *ter*, as línguas europeias concedem ao Outro a função de objeto e de complemento no acusativo. A situação privilegiada do sujeito não é mais reservada ao sujeito que age, mas àquele que "possui" (que crê: "está possuindo").

De tanto repetir que *temos uma doença*, que *temos memória*, que *temos um corpo*, que *temos sede...* nossos estados físico e cognitivo se instalam como exteriores a nós mesmos. Sendo assim, não assumimos a responsabilidade desse ato. E se as coisas não acontecem como desejamos, só nos resta esperar por uma solução vinda de fora.

Essas observações referem-se obviamente à língua do dia-a-dia. Exatamente, por tratar-se da língua corrente é que temos dificuldade em perceber o que dizemos. Se certos escritores conseguem traduzir, com palavras tão justas, o que se passa nos ínfimos movimentos internos, é graças a um trabalho obstinado e a um imenso talento. Mas, como dizia Nathalie Sarraute, *a literatura e a vida são coisas bem diferentes.*

Outras culturas, outros olhares

As línguas europeias fazem parte das 6.700 línguas existentes no mundo. Os europeus deveriam, portanto, compreender que outras culturas veem de maneira diferente as relações que o vivente mantém com o meio ambiente, com os outros e consigo mesmo.

Para muitas culturas, tais relações ocorrem fora da ideia de possessão, de poder e de dependência. "*Na cultura Canaque não se acumula riqueza*", dizia J. M. Tjibaou. "*Para nós, o ser é mais importante que o ter. Em nossa cultura, dar é um gesto incessante, é um dever.*"

O verbo *ter* não existe em árabe, nem em hebraico, nem em húngaro, russo, japonês ou tibetano. O *ter* está ausente do quíchua de Cuzco (Perú), do khowar (distrito de Chitral), do drehu (ilhas da Loyauté, Nova Caledônia), do toraja (ilhas Célebes, Indonésia). Não existe em numerosos dialetos africanos, amazonenses, aborígenes.[9] Essas línguas estabelecem relações entre a pessoa que fala e o mundo que a cerca, em relação ao ser, à existência, à posição no espaço e à duração. O Outro é reconhecido na sua qualidade de sujeito (sendo, agindo) e não de objeto. Aqui estão alguns exemplos:

Quando se diz em francês e em outras línguas europeias "*tenho um amigo*", o hebraico dirá "*o amigo voltado para mim*" (o amigo é ator). Quando se diz "*tenho um livro*", o árabe, o russo dirão "*em minha casa um livro*" (o livro encontra-se posicionado, localizado); o quíchua dirá "*meu livro existe*". Quando se diz "*tenho uma casa*", o húngaro dirá "*existe uma minha casa*".

Será que as línguas europeias que se referem aos seres que

---

[9] Esta enumeração está longe de ser exaustiva.

"possuem" (crianças, pais, amigos, colegas) aceitariam olhá-los de outra maneira, à luz de expressões correntes em outras culturas? Por exemplo:

— Quando se diz: "*tenho filhos, tenho um filho*", o que dizem as outras culturas?

existe filho (toraja, ilha Sulawesi)

existem filhos (japonês)

filho nascido de mim (Áfrique, Inde, Navajo...)

filho pelo qual sou responsável (quíchua)

filho que é (Amazônia)

filhos de mim existem (Curdo)

— Quando se diz "*tenho dois filhos*", o húngaro dirá:

existem dois meus filhos.

A criança é reconhecida como **sujeito** (e não como objeto), do mesmo nível daquele que fala, quaisquer que sejam os laços que os unem: biológicos, afetivos ou existenciais.

Certas línguas operam por justaposição: apõe-se um objeto ou uma pessoa à pessoa que fala ou de quem se fala (eu, tu, ele, ela). Ambos são posicionados juntos, no seu aqui e agora, na sua condição de "Eu" (o "Eu" que se reconhece no Outro). Em Lifu (Ilhas da Loyauté) em vez de se dizer "tua mulher", diz-se "*esposa, tu*". Para "minha casa" diz-se "*casa, eu*".

A língua dos signos que, enfim, foi reconhecida como verdadeira língua, utiliza para "minha filha": *filha/eu*, e para "tenho três filhas": *filha/eu/três*.

Quanto à relação com o corpo, essas línguas usam os verbos *ser/estar com*, *vir* ou *tornar-se* para exprimir a relação a um sentimento, um sentir, uma necessidade fisiológica. A relação também pode ser expressa através do equivalente ao nosso "há" que confere existência a alguma coisa.

Na língua khowar, "tenho sono" se dirá *eu vontade dormir vem;* "não tenho fome" se dirá *eu esfomeado não estou;* "tenho sede" se dirá *eu sedento estou;* "ele tem razão" se dirá *ele direita palavra dá.*

Quando os europeus dizem e pensam ter uma memória boa ou má o húngaro constatará: *existe memória em mim.* O japonês observará: *memória é boa.* O hebreu constatará *existe memória.* O indonésio vai apor: *memória eu boa.* Para tais culturas, não há o risco de "perder" a memória ou a saúde. Sem dúvida é mais fácil para elas (de qualquer maneira menos difícil) compreenderem que a memória e a saúde se nutrem mutuamente e que são construídas no presente e na primeira pessoa, como nos mostram atualmente os neurobiólogos.[10]

Devemos admitir que certos conceitos de uma determinada cultura não existem em outras. Eles são difíceis de serem traduzidos e até mesmo de serem concebidos. Um objeto ou um acontecimento que é nomeado com uma única palavra em determinada cultura, pode precisar de várias para ser nomeado em outra língua. Os Chitrali (habitantes de um distrito no meio das montanhas do norte do Paquistão) possuem palavras diferentes para designar uma rosa selvagem, vermelha ou amarela...

O exemplo mais conhecido é o da *neve* na língua innu-aimun (Innus, índios do Quebec/Labrador). Uma expressão demasiado vaga no que se refere ao estado do lago ou do solo pode resultar em graves consequências: a sobrevivência exige que se distinga com palavras bem claras a neve dura do amanhecer (*uteten*), a neve úmida derretendo (sheshken), a neve que começa a se solidificar ao anoitecer (*nenauten*) etc. Essa língua, infelizmente, come-

[10] Referir-se ao capítulo "o vivente completo"

çou a empobrecer a partir dos anos 50 devido à vida na reserva, onde os laços que ligam os homens, as suas palavras e a natureza se alteram. Os antepassados Innus, que percorriam grandes espaços, falavam uma língua sutil e rica, em estreito contato com a natureza. Mas, a língua que eles falavam outrora não corresponde mais à vida sedentária de seus descendentes. Ela não põe mais em evidência *"além da informação que as palavras transportam, um espírito difundindo a cosmogonia dos nômades do subártico, obnubilados pelo poder salvador do vivente — animais, plantas ou rios"*.[11]

É quando se trata da noção de tempo que nossas línguas divergem de maneira mais intensa. Os antropólogos mostram-nos que o tempo é vivido de maneira diferente em cada cultura. Para os ameríndios e as culturas andinas, por exemplo, o tempo é regido pelo sol e pela lua. Edward Hall cita um cacique Sioux: "*Meu povo não tem uma palavra para designar "atraso" ou "esperar". Eles ignoram a espera e o atraso.*" Quando o francês diz que ele "tem tempo", o Kabila dirá "*sobra ainda tempo, é cedo*". As culturas europeias têm muito a aprender para melhorar sua concepção compartimentada em passado/presente/futuro, o que nada significa para a cultura chinesa.

Uma última observação: é impossível traduzir alguns de nossos conceitos em outras culturas. Por exemplo, o verbo "amar" não existe na língua navaja: "amo meu pai" se dirá *respeito meu pai.*

A palavra "estrangeiro" não existe na língua malgache. Só se conhece *vahiny* (o convidado, o hóspede) para quem não é possível se dizer tu, *porque ele não fala a mesma língua.*

Em lingala (Congo), o verbo "mentir" não existe. E na língua

[11] Cf. ref. bibliográficas: J. SILBERSTEIN.

dos ciganos a palavra "memória" também não existe. Utiliza-se a palavra *respeito*.

Sugiro ao leitor que continue a exploração. As descobertas poderão ser surpreendentes.

Apresento aqui a experiência de Marion B. (com a sua autorização). Ela nasceu na Romênia, de língua materna húngara e italiana por filiação. Ela morou em Jerusalém e vive atualmente na França: "*Eu nunca imaginei que o verbo "ter" não existisse em outras línguas. Percorri então as sete línguas que conheço. Em duas delas (inclusive a minha língua materna) pude verificar, com admiração, a ausência do verbo "ter". Mas isso não significa que eu não possa ser rica, nessas línguas nais quais eu não "possuo". Posso sim, mas rica de uma outra maneira, mais consciente, colocando uma certa distância entre a riqueza e eu mesma, encontrando-a frente a mim como por milagre, por uma outra vontade, me pertencendo, a mim, a mim, a mim — e ao mesmo tempo, pertencendo a si, a si, a si, isto é, não me pertencendo, de maneira alguma. Na realidade, sou eu que pertenço a essa riqueza, a esses dois filhos que existem, que são parte de mim. Descobri que é muito mais verdadeiro dizer em húngaro "existem dois meus filhos" e em hebreu "existem para mim dois filhos" do que em francês "tenho dois filhos". Não me dei conta desta diferença entre o húngaro, o hebreu e o francês. Quando falava húngaro, minha língua materna, não percebia que eu "não tinha". Também não percebia que o hebreu que eu falava tinha profunda afinidade com o húngaro, que é de outro ramo linguístico. Agora, prefiro dizer em francês "il y a à moi deux fils"* (existem para mim dois filhos) *e não consigo dizer mais "j'ai deux fils", nem "ho due figli"* (tenho dois filhos).

Resumindo: o que as línguas ocidentais exprimem pela possessão é expresso, em outras línguas, por uma localização e um posicionamento no espaço e no tempo. O laço privilegiado entre si, um objeto e uma outra pessoa é expresso como existindo. Ninguém domina ninguém. O outro mantém seu estatuto de sujeito agindo. Ninguém se encontra acorrentado.

A exploração de uma outra língua é comparável à descoberta de um novo continente no qual, durante séculos, talvez milênios, outros seres humanos organizaram e modelaram o mundo segundo seus próprios valores. Não é de se surpreender por exemplo, que o quíchua, a língua dos antigos peruanos, seja a mais rica do mundo em sufixos (mais de cem!). O método de sufixação permite exprimir toda a riqueza da relação e a infinidade de sutilezas do vivente.

Mas, raras são as línguas que, como o quíchua, souberam conservar esta relação com o vivente (por quanto tempo ainda?).

Antes de ceder o lugar aos cientistas e sair em busca das palavras-chave do vivente, lembremo-nos de que é impossível isolar um som, uma palavra, uma frase do contexto onde se encontram ou da organização global da língua em questão. Uma língua forma um conjunto linguístico indissociável. Os exemplos aqui citados nos convidam a refletir sobre nossa própria língua e sobre a organização do mundo que nossas culturas esculpiram ao longo dos séculos e milênios.

Não somos somente herdeiros, mas também "passadores".

Deixar-nos-emos interrogar?

Dentre várias tentativas de definição do ser humano, destaco a sua *própria capacidade de se questionar*. Não quaisquer questões, mas as que se encontram no âmago do vivente. Para viver, o ser vivo não cessa de identificar, explorar, selecionar, classificar, escolher a informação e a matéria a serem trocadas com o seu ambiente. Trata-se de um questionamento mútuo e recíproco.

Imaginemos que uma pessoa de uma outra cultura nos pergunte:

— De onde advém essa onipresença do verbo ter e do desejo de possuir que se manifesta nas línguas ocidentais?

— Será a marca devastadora do progresso?

— Será a herança do dualismo do pensamento binário (ou..., ou..., sujeito versus objeto, isto versus aquilo)?

— Será a herança das mitologias que alimentaram a sua velha história milenar?

— Será a sua exigência de resultados tangíveis, mensuráveis, que podem ser contabilizados?

— Será o preço do seu desejo de controlar o mundo?

— Será a consequência do seu medo: medo do vazio, da ruptura, da solidão, do desconhecido, da morte e até mesmo da vida?

— Será porque você deixa de lado o sagrado, esquecendo-o no mais simples gesto cotidiano?

Estas perguntas ficarão, talvez, sem respostas, porque a linguagem que usamos diariamente é moldada por estruturas ideológicas arcaicas, enraizadas profundamente num universo de crenças e de representações que foram se sobrepondo através dos tempos, camada após camada. Seria necessário proceder a uma arqueologia e a toda uma genealogia de nossa língua cotidiana.

É fundamental que tais perguntas sejam feitas, que a busca de equílibrio em nossas relações não seja mais da competência do verbo *ter*. Essa busca deve deixar emergir um questionamento, que é um verdadeiro motor de mudança:

— Como ser coerente com a realidade de nosso organismo vivo?

— Como reconhecer o sentido do sagrado, sem intermediários, ou seja, indo lá onde ele se encontra a cada instante?

— Como aceitar o mistério do vivente e renunciar a utilizar "próteses" para escapar aos medos que não ousamos nomear?

— Que meios escolher para permanecermos vigilantes sem nos desencorajar para receber este presente da vida que é a lucidez?[12]

— Como se afastar do desejo de controlar, como entrar em relação de reciprocidade e se engajar numa participação responsável?

— Quanto tempo precisamos ainda para não mais ignorar o vivente?

[12] Obrigada a José Pichamba, de cultura quíchua, e a Albert JACQUARD por me terem conduzido à descoberta do valor da lucidez.

Rumo a uma ecologia da língua cotidiana

Há mais de um século R. M. Rilke já se perguntava: "Como é possível que, apesar das invenções e do progresso, apesar da cultura, da religião e do conhecimento do Universo, tenhamos permanecido na superfície da vida?"

Atualmente, parece que chegamos ao limiar de um novo conhecimento sobre o vivente. Se quisermos, podemos iniciar uma exploração mais ampla das condições nas quais o vivente evoluiu, tornou-se presente em seu ambiente, presente em si mesmo e nos Outros. Temos meios para que nossa língua cotidiana, "*a que usamos para dizer as coisas da vida, a cada instante*", traduza o vivente sem trai-lo.

Aceder a uma "cognição viva"[13] deveria permitir uma dimensão ecológica da língua que usamos todos os dias. *Mudar as palavras é mudar as coisas*, dizia o sociólogo Pierre Bourdieu.

É o que vamos propor.

[13] NT: a cognição é vista aqui como a dupla relação pensamento ⇆ linguagem.

VOLTANDO À ORIGEM PARA MELHOR ESCUTAR

Eles falam do vivente[14]

dizer a vida

O que é a vida? É o brilho de um vaga-lume na noite, é o sopro de um bisão no inverno, é a pequena sombra que corre na relva e se perde ao pôr-do-sol. — Crowford, chefe Blackfoot

A vida renova-se constantemente, inclusive no seu desaparecimento. A única arte é fazer tudo no momento certo. (...) Não confundir a vida com a gramática (do ser). Preocupamo-nos mais com o linear, em seguir a direção indicada, em vez de compreender o que o tempo tem de circular. — François Jullien

A vida é um grande acontecimento, uma formidável aventura sobre a terra. — Hubert Reeves

Quando minha vida se apagar como se apaga um pôr-do-sol..., não haverá morte, mas uma mudança de mundo. — Chefe Índio Seattle

---

[14] Estas frases são um convite para que o leitor acolha outras frases. As obras das quais foram extraídas encontram-se nas referências bibliográficas em "Para saber mais". Outras citações foram recolhidas ao longo de encontros e programas de rádio ou televisão.

reconhecer, respeitar o mistério

O olhar que dirigimos às plantas é indissociável do olhar que dirigimos ao homem. Estou sempre pronto a me inclinar diante do milagre profano e infinito que são as flores, (...) diante das gramíneas selvagens que crescem nos campos, algumas tendo, no passado, dado origem a cereais de uso doméstico. ... Penso que o primeiro que se atreveu a dizer "são ervas daninhas", foi responsável pelo nosso divórcio da natureza e de tudo o que daí resultou, ou seja, a agonia progressiva do planeta em que vivemos. — Jacques Lacarrière

Ser indígena (nativo de um lugar) é respeitar o que é sagrado. Respeitar o que é sagrado é diferente de respeitar um nome. — José Pichamba, Xamã de tradição quíchua

E se respeitássemos a vida? Nunca separei minha vida diária do sentimento de infinito, do Espaço. — Théodore Monod

O amor que eles (os brancos) têm pelo possuir é uma doença. (...) O coração do homem, afastado da natureza, endurece. Esquecer que devemos respeitar tudo que cresce, tudo que vive, também nos faz esquecer de respeitar o homem. — Luther Standing Bear, chefe Ameríndio

A vida é um conceito bricolado.[15] *Cuidado com o desvio da teologia e com a argola de ferro da ortodoxia do darwinismo. A vida é incompreensível.* — Francis Kaplan

[15] NT: Bricolado = feito artesanalmente, com o material disponível.

viver é

O futuro torna-se realidade quando damos esperança a cada instante de nossa vida. — Winaya, uma mulher quíchua

Como interpretar todos esses sintomas da vida para que eles nos permitam reorientar os desvios do nosso povo? — Kukuli, um homem quíchua

Na vida, o que importa é a vida, somente a vida, somente o estar vivendo. Todo o resto é supérfluo. (...) Precisamos ir ver, precisamos continuar a caminhar, (...) tentar amar enquanto pudermos. — Jaques Brel, radioscopia

A força da vida é cuidar dos vivos. — Emile Shoufani, padre de Nazaré

Viver adequadamente, viver no presente. — Montaigne (fazer a coisa apropriada, no momento oportuno)

Temos o hábito de nos focalizarmos em atividades com finalidade única, como se fôssemos mangustos, e achamos (sem razão) que estar vivo é o mesmo que perseguir um único objetivo. Na verdade, "estar vivo" é ser capaz de gerir objetivos variados graças à complexa atividade que se situa em nossa mente ou em outro lugar. — G. Bateson

Dar tempo a si mesmo para olhar, ter a paciência de ouvir o que a matéria tem para nos dizer. Reconhecer o organismo, o ser vivo. Saber se colocar no lugar dele para compreender como ele

cresce, como ele se articula. Um ser vivo é constantemente afetado pelo seu meio ambiente. (...) Ele encerra um ritmo." — Barbara McClintock

O vivente não sabe para onde vai. Sobrevivem os sistemas que têm a possibilidade de inovar perante um futuro imprevisível. (...) O organismo vivo é definido por quatro processos: metabolismo, compartimentação, memória, manipulação do meio interno e ambiental. (...) A vida nada tem de mecânica. Ela é capaz de produzir o imprevisto. (...) Os elementos que compõem os organismos vivos se renovam pelo metabolismo. — A. Dnachin

A força do vivente. — B. Cyrulnik

O vivente evoluiu a partir dos primeiros elementos constitutivos (...) Duas linhas de força caracterizam o vivente: a unicidade e a diversidade. — M. Lamy

A vida é simples na sua concepção, complexa na sua realização. — J. M. Pelt

A natureza (a vida) é ao mesmo tempo contínua e descontínua. Simultaneamente e de maneira não contraditória a natureza inclui o homem e suas realizações. Nada é excluído da natureza, menos ainda os microrritmos que tecem os laços entre os indivíduos. — E. Hall

No mundo ocidental, se ao menos soubéssemos a que ponto nossas vidas encerram os germes do zen. (...) Tudo o que constitui o universo e a vida é unitário por definição. Talvez a origem da

desordem e das incoerências que nossas atividades produzem no mundo esteja na perda dessa visão unitária. (...) Impregnar-se dessa linguagem singular que é o vivente. (...) A vida está a serviço da morte e a morte a serviço da vida, em ligação com todo o cosmos. (...) Viver com, e não de. — P. Rabbi

Todo organismo vivo pode ser um hóspede, um parasita, uma presa. — Cl. Combes

A plenitude do vivente

Há duas ou três décadas assistimos a uma explosão de novos dados referentes ao vivente e, ao mesmo tempo, ao "descarrilamento" de certas ortodoxias. Dogmas, mesmo "nobelizados", estão sendo seriamente abalados: os conceitos de ADN, genoma, sistema imunológico, cérebro (que não é um computador!), e numerosos outros (evolução, origem, inteligência, consciência...) terão que ser revistos.[16]

A mudança de perspectiva desencadeada pelas descobertas científicas e tecnológicas anuncia-se lenta e difícil. Os territórios de pesquisa são ciosamente protegidos, solidamente separados. A cooperação nesse meio não funciona como deveria. Sair em busca do vivente é uma empreitada arriscada, porque esse conceito subjacente à palavra é recente. Ele concerne várias áreas (biologia, ciências cognitivas, filosofia...). Rememoremos alguns dados resultantes de pesquisas recentes. Esses dados nos concernem, sobre-

[16] Cf. ref. bibliogáficas: Mirko BELJANSKI, S. Jay GOULD, Albert JACQUARD, Pierre LANCE, Francisco VARELA.

tudo no nosso dia a dia.[17]

— O presente biológico é nossa realidade cotidiana: vivemos entre o que foi realizado e o que está ainda por realizar. A separação entre passado/presente/futuro (tão apreciada pelo mundo ocidental) não existe biologicamente falando: *é necessário reajustar nossa concepção do tempo.*
— Nossa memória é uma reconstrução no presente de acontecimentos passados: *as expressões "ter memória" e "perder a memória" não são expressões apropriadas.*
— O que percebemos é marcado pelo selo de nossa *bio*grafia, de nossa história, de nossa cultura, nossas crenças, nossos medos e emoções. Nossa vida perceptiva constrói e simultaneamente é construída por nossa vida cognitiva: *a objetividade é uma ilusão.*
— A informação é simplesmente o que dá forma ao sentido que emerge de nossas interações com o meio ambiente, com nós mesmos e com os outros: *a informação não é uma entidade exterior a nós mesmos, ela não existe por si mesma. O conhecimento estrutura-se e reestrutura-se a cada interação, interna e externa. Aprender não consiste em acrescentar novos conhecimentos, mas em reorganizar o que já foi compreendido.*

A verdadeira crise que o mundo atravessa hoje é uma crise de percepção, e é essa mesma crise que a nossa linguagem cotidiana traduz e consolida quando nos impede de entrar em relação profunda com o vivente. Por isso, só temos a ganhar nos questionando sobre a realidade e as exigências do vivente.

Antes de continuar esta leitura, o leitor aceitaria propor três

[17] É evidente que é necessário uma escolha. A que foi feita aqui se refere à linguagem de nossa vida corrente.

palavras que, espontaneamente, associa à palavra "vida"?

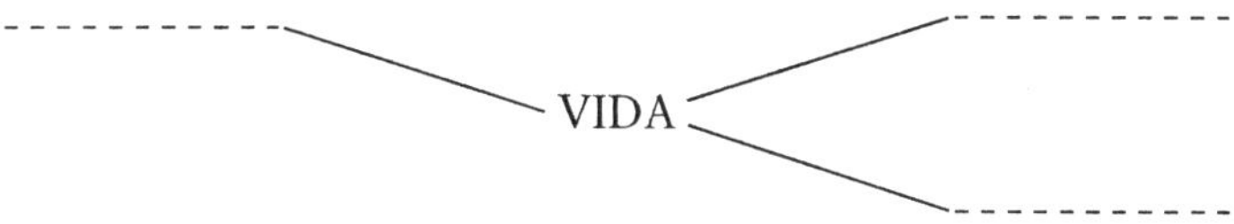

Uma vez feita essa associação, que orientação se poderia dar à relação [palavra proposta → vida] ou [vida → palavra proposta]?

Relaciono aqui o que eu tenho anotado, datado, durante anos, no meu pequeno repertório de conceitos, na letra V: "Vida".

- O que hoje (data das anotações) a língua francesa designa como "vida" é o que faz uma semente germinar, um caule crescer, uma árvore dar frutos, um pássaro emigrar.
- A vida é o que continuará quando a espécie humana tiver deixado de existir.
- A vida é o que pode se manifestar num número infinito de possíveis.
- A vida é o que se auto-organiza, sendo autor e ator de si mesma.
- A vida é esse impulso misterioso que ultrapassa amplamente a abstração das palavras de nossas línguas indo-europeias "vie", "vita", "life", "leben", "vida"...
- Os ideogramas chineses "sheng huo" aproximam a ideia de viver da ideia de nascer.

As leis do vivente

É adequado atribuir uma palavra abstrata ("vida") a algo que está por essência *em devir* ou, melhor ainda, *em advir?* Não seria melhor falar do vivente, porque, agindo sobre o mundo e o mundo agindo sobre ele, esse "impulso misterioso" inscreve-se na história que torna único o organismo onde ele se manifesta (e que o revela)?

O vivente, para sobreviver nos dias atuais, obedece às mesmas leis que estabeleceram as exigências de sobrevivência e de adaptação individual e coletiva ao longo da evolução. Exigência de criar, trocar, compreender, integrar, comunicar etc.

Toda lei contém patamares, limites, ritmos próprios, características, regularidades. Ela estabelece direitos e, *portanto*, responsabilidades. E as leis do vivente?

O vivente está em devir, ou seja, está sempre atento em manter e atualizar o seu potencial, ligando-se ao mundo que o cerca. Descobrindo toda a complexidade deste mundo. Organizando o que vê, ouve e percebe. Dando sentido ao que lhe acontece. Aprendendo a escolher, *assim* aprendendo a renunciar, e, *portanto*, a decidir. Criando, *assim* inovando. Recebendo *e* dando, *assim* entrando em reciprocidade. Comunicando (no sentido etimológico da palavra), *torna-se parceiro*.

Trata-se, portanto, de uma lógica plural feita de regulação (em relação ao meio ambiente), de adaptação (em relação aos outros) e de evolução (em relação a si mesmo). A criança desde que nasce sabe que está em devir, e ela vive as leis do vivente. O adulto, prisoneiro de sua cultura, apressa-se em esquecê-las.

Para evoluir (o que deveria nos interessar acima de tudo), o vivente não pode evitar de se religar a si mesmo: ninguém pode compreender em nosso lugar, acolher o novo dentro do espaço que nos é familiar (sem dúvida a mais bela definição do que é *aprender*). Ninguém pode reorganizar, pelo outro, o seu sistema de conhecimento a cada nova interação. Quer se trate de um organismo unicelular, de uma planta ou de um animal, nenhum deles pode nascer ou morrer no lugar do outro. O vivente aprende durante toda a sua vida, não por imposição nem por delegação, nem isoladamente, mas graças a uma auto-organização e uma reorganização incessante, no tempo e no espaço, graças a sua capacidade de conexão, de memorização e de reativação. É o próprio organismo que mantém sua capacidade de aprendizagem em bom estado de funcionamento.[18]

Os gestos do vivente

Em meio à infinidade de gestos milenares que permitiram ao vivente superar inúmeros obstáculos, bifurcar ou bricolar[19], segundo a terminologia de F. Jacob, certos mecanismos que operam na base do vivente[20] começam a ser conhecidos: ativação/desativação, replicação, transcrição, regulação, diferenciação. Embora as teorias sejam divergentes, certos termos utilizados pelos pesquisadores em diferentes níveis do vivente[21] permitem constituir uma espécie de repertório de "verbos base", representando os atos, os

[18] Ler as obras de G. N. AMZALLAG e de P. BLANC.
[19] NT: Bricolar = fazer artesanalmente, com os materiais disponíveis.
[20] Prefiro falar de "processo em ação".
[21] Especialistas em Genética, Biologia, Neurologia, Ciências Cognitivas etc.

comportamentos, as posturas, os processos assinalados no próprio íntimo do vivente, desde o nível celular.

Assim, por exemplo, os verbos: aprender, antecipar, ativar/desativar, bloquear, concluir, corrigir, conservar, devir, duplicar, emergir, escolher, evoluir, incitar, induzir, inibir, inovar, integrar, interagir, modificar, participar, perceber, permutar, provocar, reagir, receber, reconhecer, religar, reproduzir, respirar, selecionar, transmitir etc.

Os verbos que mostram que a ação é feita pelo próprio vivente e incide sobre ele mesmo (chamados "*reflexivos*") são, de longe, os mais numerosos. Os gestos mais frequentes são: adaptar-se, associar-se, criar-se, diferenciar-se, destabilizar-se, desprender-se, desenvolver-se, dividir-se, exprimir-se, fechar-se, fixar-se, formar-se, integrar-se, manter-se, modificar-se, multiplicar-se, organizar-se, abrir-se, separar-se, regular-se, religar-se, romper-se, traduzir-se, transcrever-se, transformar-se, sincronizar-se, unir-se... Obviamente, a lista desses verbos não é nem exaustiva, nem definitiva. Denominar os gestos do vivente só tem utililidade se esta etapa for seguida por uma outra, na qual cada verbo/gesto é considerado como uma esfera de possíveis, um potencial disponível que deve continuar a ser utilizado na vida cotidiana, pessoal, social e profissional.[22]

Nosso cérebro conta a história do vivente

Nas duas últimas décadas do século XX, o cérebro foi reconhecido como a estrutura que aprende por excelência, o maestro

[22] Estes "gestos" do vivente devem servir como base para programas de formação de diversos tipos de público.

do vivente. Graças às tecnologias de mapeamento por imagem utilizadas na área médica, o cérebro é cada vez mais conhecido e continua sendo objeto de numerosas pesquisas teóricas.

A história do cérebro humano é cativante. Todos os gestos do vivente estão inscritos nela, numa ordem imposta pela evolução[23] da espécie e pela história pessoal de cada um. Durante, no mínimo, um bilhão e meio de anos, uma longa sequência de interações, conexões, busca de estabilidade, "fracassos"[24], "bricolages", construiu uma história que ainda não terminou, a menos que interfiram os habitantes deste planeta.

As etapas dessa longa história instruem-nos sobre a sucessão de processos de regulação, integração, organização, adaptação de diferentes níveis de complexidade, que caracterizam o cérebro do vivente "hominizado": um cérebro que precisa de um corpo, de um contexto e de uma história que lhe pertença exclusivamente.[25]

O interior do cérebro não é compartimentado. Tudo é ligação, conectividade, regeneração, adaptação, reparação. Emoção e racionalidade encontram-se intimamente ligadas. Três milhões de fibras reúnem os dois hemisférios. Milhares de quilômetros de fibras nervosas ligam diferentes regiões cerebrais em diversos níveis. A atividade cerebral é contínua dia e noite. A história de cada ser é uma longa série de variações de intensidade, tempo de vida, amplitude, conexões preferenciais que se transformarão em hábitos... Uma longa série de momentos de alternância e busca de equilíbrio.

[23] Que seria mais justo chamar de "*co*evolução".

[24] Albert Jacquard sempre nos diz isso; cf. também S. J. Gould.

[25] Nem fora do seu corpo, nem fora do contexto, nem fora de sua história, segundo a fórmula utilizada pelo neurologista Pierre KARLI.

Ousar traduzir...

Tudo o que foi dito nos convida a refletir sobre a adequação de nossa linguagem cotidiana, aos nossos "micromundos" e a nossas "microidentidades".[26] Depois de termos identificado os gestos primordiais do vivente, é preciso zelar para que eles sejam respeitados, encorajados, desenvolvidos, sustentados, ensinados...

Para isso, há um meio bem simples, questionarmo-nos sobre a nossa relação com cada um desses gestos. Talvez alguns sejam onipresentes em nosso dia a dia? Talvez alguns estejam ausentes ou raramente presentes? Talvez evitemos cuidadosamente nos engajar na direção de um deles?

Qualquer que seja nossa posição no momento, precisamos entrar na lógica do devir, do *ainda não* para si e para os Outros. É a lógica da alternância entre *os possíveis* que existem em nós e a atualização desses possíveis. Integrar esse ritmo do vivente é ter em mãos a formidável alavanca da mudança que se verá a seguir.

[26] Ler Francisco VARELA.

Uma Outra Linguagem É Possível Se...[27]

Reajustar a nossa linguagem

O neurobiólogo Francisco Varela considerava que o mundo em que vivemos está tão presente que não refletimos sobre ele, nem sobre a maneira como nele vivemos.[28] Agora que chegamos ao limiar de um conhecimento inédito dos mistérios da vida,[29] como imprimir a marca do vivente em nossa linguagem cotidiana? Como tornar esta linguagem coerente com este mistério? Como traduzir as suas sutis nuanças? Como evitar as palavras gastas? Como salvar as palavras do vivente? Como "habitar" a língua que compartilhamos? Como **reajustar** a nossa linguagem?

Uma mudança de perspectiva impõe-se, permitindo-nos descobrir que conhecer a si mesmo e conhecer os outros são duas operações interligadas.[30]

Essa mudança pode nos levar a ultrapassar a nossa própria cultura, ou seja:

---

[27] Concordo com Susan George que, em sua obra *Uma outra palavra é possível se...*, sugere igualmente que a solução depende de nós entrarmos em ação. Éditions Fayard, 2004.

[28] Cf. ref. bibliográficas.

[29] São os termos de Emmanuel HIRSCH (diretor do Espaço Ético da Assistência Pública dos Hospitais de Paris).

[30] Cf. Edward T. HALL.

— Reconhecer que um arsenal linguístico não é constituído somente de palavras, frases e uma voz; ele encerra crenças implícitas sobre o que é a vida, sobre a nossa compreensão do mundo, sobre as nossas prioridades.
— Aprender a identificar nossas pausas interiores, que congelam nosso pensamento e adormecem nossa voz; optar por expressões que traduzam uma visão dinâmica das coisas, dos outros e de si mesmo. Por exemplo, somos capazes de escolher entre dizer *lembre-se*, em vez de "não se esqueça..."? Somos capazes de escolher, falando de um terrível terremoto, a expressão "*os que sobreviveram*" em vez de "os que ficaram" (quem ignora o extraordinário combate do vivente para escapar à morte)?
— Perceber a nuança entre "*o que lhe faz dizer que...?*" e o brutal "por que você diz isso?"
— Pedir calmamente a uma pessoa agressiva: *você pode dizer isso de outra maneira?*
— Perguntar a uma pessoa que tem dificuldade de se expressar *o que a ajuda* e *o que a impede de...*
— Reformular nossas frases negativas e introduzir o *ainda não* que reconhece o possível (*eu ainda não sei*).
— Explorar *as outras palavras que cada um de nós associa ao* que se encontra no centro de nossas trocas e de nossas preocupações (como foi proposto para a palavra "vida" (p 37)

E como toda mudança se inscreve no tempo de vida, lembremo-nos que existem sessões de ensaio!

As palavras-chave do vivente

A nova leitura do vivente permite identificar as palavras cuja "carga existencial"[31] dá acesso a uma melhor *parceria com o viver*. Cinco características fundamentais do vivente nos servirão de alicerce.

- O vivente é outro a cada instante: ele está em perpétuo movimento e em devir. O tempo de vida (a **duração**), é um dos componentes da célula e preside a sua estruturação, o seu metabolismo, a sua evolução. O vivente encontra-se constantemente numa dupla dinâmica de atualização e de potencialização: é atualizando seu próprio potencial que ele habita o espaço e o tempo (de vida).
  palavra-chave: advir
- O vivente **está sempre estabelecendo relações**. Ele interage
  — com o seu meio ambiente (regula-se)
  — com os outros (adapta-se)
  — consigo mesmo (evolui)
  palavra-chave: religar (-se)
- O vivente está sempre buscando seu próprio equilíbrio entre continuidade e mudança, entre estabilidade e movimento, num duplo fluxo de si em direção ao outro e do outro em direção a si.
  palavra-chave: receber ⇆ dar
- O vivente dotado de um sistema nervoso central (o cérebro) funciona em acoplamento que religa os sensores à motricidade ou a manifestações trópicas (como funciona a planta). É na interdependência desses processos que se enraizam a memória, a aprendizagem, a atenção, o (re)conhecimento, o imaginário, a compreensão, a intenção... **Nenhum processo cognitivo é autônomo.**

---

[31] Expressão de Paulo Freire.

Todos estão inscritos no tempo de vida. Todos têm um "antes" (eles incitam, antecipam), um "durante" (desenvolvem-se, reorganizam-se) e um "depois" (ecoam, mudam, adaptam-se). Estes três momentos cognitivos não possuem fronteiras nem "costura" separando-os uns dos outros.

palavra-chave: interdependência

- O vivente é autor do que ele vê, entende, compreende, ressente. Ele constrói a significação do real. O **sentido emerge** desses acoplamentos com o meio ambiente, com os outros e com ele mesmo. A relação **signo ⇆ sentido** é o resultado da história de cada um (de sua cultura e de sua *bio*grafia pessoal). *palavra-chave: emergir*

"Conscientizar-se": habitar a língua

A condição de parceria que herdamos quando nascemos é uma realidade da qual poucos estão conscientes. É necessário um verdadeiro trabalho de conscientização, retomando a terminologia de Paulo Freire, visto que os que devem ser alfabetizados são os "ainda não leitores" do livro do vivente, livro a ser lido e escrito por todos nós.

Em relação constante com o meio ambiente, conosco e com os outros, *co*abitamos nossa língua. O que digo ao outro depende dele, de seu olhar, de sua proximidade, de sua atitude para comigo. Conscientizar, segundo Paulo Freire, é, mais exatamente, *conscientizar-se mutuamente*, é engajar-se num trabalho de democratização cultural, o que supõe enraizar-se na vigilância, na abertura e na descoberta do que significa *ser humano, no momento e onde* *nos encontramos*. O trabalho de aprendizagem da leitura da língua escrita deverá ser feito utilizando palavras geradoras, tiradas da vida cotidiana.[32] A partir dessas palavras, a "ancoragem" do duplo laço (⇆) que liga o signo e o sentido e vice-versa, se instala progressivamente no centro mesmo das situações vividas, em vínculo com as associações que *emergem* do grupo que aprende.[33]

Partindo da mesma ideia proponho a todos nós que praticamos a leitura do vivente, prolongar o impacto das palavras-chave *advir, religar, receber, interdepender, emergir*, e elaborar pouco a pouco um repertório pessoal de noções aparentadas ao vivente.[34] Como todo gesto de conscientização, o repertório não é definitivo. Ele será constituído de reflexões e perguntas que nos fazemos ao longo do nosso caminho (por isso é importante colocar a data cada vez que fazemos anotações).

Tomemos, por exemplo, a palavra *durável*, tão presente nos últimos anos do século XX e no começo do século XXI. Esse adjetivo, aposto à palavra *desenvolvimento*, ficou rapidamente saturado de significações, tão vagas quanto inoperantes, como os termos nos quais nos refugiamos e que utilizamos continuamente porque eles nos liberam de um engajamento! O repertório é útil para que possamos compreender melhor o significado desta palavra.

Vejamos o exemplo da palavra *durabilidade:* trata-se de verificar, em nossas leituras, o sentido que é dado a esta palavra, por exemplo no Relatório Brundtland (1987). Segundo esse relatório,

---

[32] Por exemplo, a palavra "favela" para os habitantes da periferia das grandes cidades brasileiras que eram alfabetizados por Paulo Freire.

[33] A relação é estabelecida nas duas direções, trata-se de dois fluxos diferentes.

[34] A ideia foi proposta desde 1986, no livro *J'apprends donc je suis* e ao longo de numerosas sessões de formação. Falta espaço para expor aqui a opinião dos que adotaram essa técnica de maturação que nos permite colocar em prática e tirar pleno proveito de nossas capacidades associativas.

durabilidade é o que "*preserva a capacidade de regeneração, (...) o que está em harmonia com o meio ambiente, (...) o que consolida o potencial atual e o futuro da humanidade*".

Quem sabe, também ouviremos dizer que *durabilidade* está ligada a imunidade, realocação de recursos, reatribuição de energia, reorganização do tempo e do espaço... Compreenderemos então que cooperar, ajustar-se, adaptar-se, escolher (o que significa renunciar), engajar-se... são ações necessárias para sustentar este conceito. O conceito terá evoluído *porque* terá sido colocado sob o projetor da nossa atenção em estado de alerta.

Uma última observação referente à linguagem como um lugar de parceria. A conscientização mútua entra num ritmo semelhante ao de uma semente (dormência ⇨ germinação ⇨ floração ⇨ fruto ⇨ transmissão...). Nosso repertório acolherá nossas perguntas passo a passo. São elas que tecerão pouco a pouco a trama do nosso pensamento:

— *Quando podemos dizer que alguma coisa é durável?*
— *Que fatores intervêm para que haja "durância"*[35]*?*
— *Quais são as condições favoráveis para que uma situação, um recurso, um desenvolvimento "durem"?*
— *Existe um custo para a durabilidade (que investimento, a que devemos renunciar)?*
— ...

[35] NT: durância = período durante o qual a durabilidade se constrói.

Chaves para a leitura de uma linguagem compartilhada

Palavras-chave, parceiros, questionamentos... ajudam-nos a despertar a *voz adormecida* do vivente. Também seremos ajudados por chaves de leitura sobre o que dizemos (e pensamos). Sua função como guia nos permite, não julgar, mas detectar a maneira como nos posicionamos em nossas relações.

Existem várias leituras possíveis para uma linguagem compartilhada.

Lembramos que a finalidade é *ir ao encontro do Outro*, através do que ele expressa, muitas vezes sem se dar conta, sobre seu posicionamento, sua atitude, sua intenção. As duas chaves propostas a seguir apoiam-se em recentes pesquisas das ciências cognitivas.[36] Elas são praticadas há vários anos com grupos de culturas diferentes.

A chave n° 1 é construída sobre os três tipos de relação já mencionados, relações que permitiram ao nosso cérebro sobreviver, adaptar-se e evoluir.

— A *relação com o meio ambiente*. O que expressamos designa: objetos, lugares, acontecimentos, situações, ferramentas, técnicas, tudo o que se encontra no espaço/tempo...
— A *relação com os Outros*. O que dizemos refere-se ao que compartilhamos, às nossas trocas, encontros, aprendizagens, transmissões...
— A *relação consigo mesmo*. Expressamos o que somente nós mesmos podemos fazer: compreender, integrar, lembrar, pensar, refletir, imaginar...

[36] Cf. ref. bibliográficas: os trabalhos de A. DAMASIO, G. EDELMAN, P. KARLI, F. VARELA.

Raramente aquilo que expressamos estabelece as três relações. Em situação de diálogo ou de comunicação, de um modo geral privilegiamos uma das relações. Escolhemos uma relação prioritária. Os problemas de comunicação provêm muitas vezes do fato de os interlocutores não se encontrarem num mesmo nível de relação. Um falará de sua relação ao meio ambiente: o outro se situará na relação a si mesmo...

É possível estabelecer um diálogo com o Outro identificando a relação à qual ele dá prioridade e abrindo-se com ele às outras relações.

A chave n° 2 inspira-se na visão sistêmica e evoca os "seis servidores fiéis" de R. Kipling.[37] Trata-se de identificar, no que foi dito, os diferentes níveis de uma dada situação: de quem se trata (QUEM)? o lugar é citado (ONDE)? damos uma indicação do momento, do período (QUANDO)? de que se trata (O QUE)?...

O quadro detalhado abaixo permite identificar os sete pontos em torno dos quais se constrói o que exprimimos. Assim, podemos observar qual privilegiamos. Por exemplo, situamos o lugar e as pessoas, mas não definimos os outros aspectos, principalmente o objetivo a que se pretende chegar (O PARA QUE) ou nossas motivações (o nosso "porque", respondendo ao grande POR QUE).[38]

A dinâmica do que dizemos se constrói em torno de sete perguntas:

---

[37] Pequeno poema encontrado em *Just so stories*, Ed. Picolo, 1979: *I keep six honest serving-men / (They taught me all I knew) / Their names are* What *and* Why *and* When */ And* How *and* Where *and* Who... [Eu tenho seis honestos servidores / (Eles me ensinaram tudo que eu sei) / Seus nomes são O QUE e POR QUE e QUANDO / E COMO e ONDE e QUEM...]

[38] Este modelo serve também para construir um projeto, avaliar sua progressão, preparar uma intervenção...

— De QUEM falamos: os que nos rodeiam, pessoas, grupo, parceiros...?
— Do QUE falamos: o tema, o assunto, os acontecimentos...?
— ONDE ocorre aquilo de que falamos: o lugar, o meio, o ambiente, a proximidade, a distância?
— QUAL é a relação com o tempo: horários, datas, duração, frequência...?
— QUE MOTIVAÇÕES, que razões, experiências, valores, atitudes subentendem o que dizemos?
— A que OBJETIVO pretendemos chegar, com que utilidade, necessidade, quais os resultados esperados...?
— Que MÉTODOS, instrumentos, técnicas, habilidades, competências são enunciados?

A experiência comprovou que as chaves já citadas, e as que foram construídas a partir das características do vivente[39], são instrumentos que nos ajudarão a refletir sobre o que é o mundo e sobre a maneira como nele vivemos. Tornar cada aspecto mais claro é uma forma de reposicionar os problemas e abandonar a lógica orientada para os resultados, tão apreciada atualmente pelo mundo ocidental.

Reinventar a "religância"

É possível liberar nossa língua ocidental do controle do ter. Podemos parar de ignorar que nascemos fundamentalmente ricos! Mas para que isso aconteça, é necessário recordar que a grande

[39] Trata-se de outras técnicas propostas no âmbito da Formação de Formadores, em diferentes países.

dificuldade para os seres humanos é deixar de lado sua pele cultural.[40] Somos capazes de compreender que, por baixo dessa "pele" de palavras que nos prendem à superficie das coisas, existem outras palavras "geradoras"[41] que promovem uma religância sem ambiguidade, sem risco de conflito. Neste começo do século XXI, dispomos de meios para repensar a vida, homenageá-la criando uma língua cotidiana adequada, reconfigurada, e o mais próximo possível do vivente.

[40] Agradeço a Edward T. Hall por essa expressão extraordinária.

[41] Palavra utilizada por Paulo Freire.

E Agora?

Deixar falar
o olhar...

Os cristais

A irrupção da seiva

O caminho

Acompanhar

Para saber mais

referências bibliográficas

(as traduções dos títulos franceses não são, necessariamento, os títulos das obras traduzidas para o português)

ALEXAKIS, V., *Les mots étrangers*, Stock, 2002 *(As palavras estrangeiras)*

AMEISSEN, J. C., *La sculpture du vivant*, O. Jacob, 1999 *(A escultura do vivente)*

AMZALLAG, G. N., *L'Homme végétal*, A. Michel, 2003 *(O homem vegetal)*

BATESON, G., *Une unité sacré*, Seuil, 1996 *(A unidade sagrada)*

BELJANSKI, M., *The Regulation of DNA, Replication and Transcription*, EVI Liberty, 2003 *(A regulação do DNA, duplicação e transcrição)*

BLANC, P., *Être Plante*, Nathan, 2002 *(Ser planta)*

COMBES, Cl., *Les Associations du vivant*, Flammarion, 2001 *(As associações do vivente)*

DAMASIO, A., *L'erreur de Descartes*, O. Jacob, 1995 *(O erro de Descartes)*

DIOGENE LAERCE, *Vie, doctrines et sentences des philosophes illustres*, Livre VI, Flamarion, 1976 *(Vida, doutrinas e máximas de filósofos ilustres* — livro IV)

EDELMAN, G. et TONONI, G., *Comment la matière devient conscience*, O. Jacob, 2000 *(Como a matéria se torna consciência)*

FREIRE, P., *Pédagogie de l'opprimé*, Maspero, 1973 *(Pedagogia do oprimido)*

FROMM, E., *Avoir ou Être*? Robert Laffont, 1996 *(Ter ou Ser?)*

GLOWCZEWSKI, B., *Les rêveurs du désert*, Plon, 1989 *(Os sonhadores do deserto)*

GOULD, S. J., *L'éventail du vivant*, Seuil, 1997 *(A escolha do vivente)*

HALL, E. T., *Le langage silencieux*, Points Seuil, 1984 *(A lilnguagem silenciosa)*

ITIER, C., *Parlons Quechua*, L'Harmattan, 1997 *(Falemos Quíchua)*

JACQUARD, A., *Inventer l'homme*, Ed. Complexes, 1984 *(Inventar o homem)*

JULLIEN, F., *Du temps*, Grasset, 2001 *(Do tempo)*

KARLI, P., *Le cerveau et la liberté*, O. Jacob, 1995 *(O cérebro e a liberdade)*

KORZYBSKI, A., *Une carte n'est pas le territoire*, L'Eclat, 1998 *(Um mapa não é o território)*

Anexo

Como se diz na sua língua ...?

Quando dizemos em francês:	**O que você diz em ....?**
	(ex: japonês, húngaro, bérbero, ...) [1] agradeço se puderem dar palavra por palavra em francês [2]

(relação com objetos)

tenho um objeto, uma ferramenta ....(1)

palavra por palavra em francês ....(2)

tenho um lugar [uma casa] para morar ....(1)

palavra por palavra em francês ....(2)

(relação com os outros)

tenho um amigo ....(1)

palavra por palavra em francês ....(2)

tenho filhos ....(1)

palavra por palavra em francês ....(2)

tenho pais ....(1)

palavra por palavra em francês ....2)

perder um amigo ....(1)

palavra por palavra em francês ....(2)

(relação consigo mesmo)

tenho um corpo .... (1)

palavra por palavra em francês .... (2)

tenho memória .... (1)

palavra por palavra em francês .... (2)

tenho boa saúde .... (1)

palavra por palavra em francês .... (2)

tenho uma doença .... 1)

palavra por palavra em francês .... (2)

tenho conhecidos .... (1)

palavra por palavra em francês .... (2)

perder a memória .... (1)

palavra por palavra em francês .... (2)

ter medo .... (1)

palavra por palavra em francês .... (2)

ter fome .... (1)

palavra por palavra em francês .... (2)

(relação com o espaço/tempo)

eu tenho tempo .... (1)

palavra por palavra em francês .... (2)

tenho um lugar (acento), tem lugar para mim .... (1)

palavra por palavra em francês .... (2)

perder tempo .... (1)

palavra por palavra em francês .... 2)

Como você diz:

a vida ....(1)

palavra por palavra em francês ....(2)

a morte..(1)

palavra por palavra em francês .... 2)

Suas observações: ....

....

....

Suas perguntas: ....

....

....

Ficarei muito agradecida se puderem me enviar suas observações e perguntas.

Hélène TROCMÉ-FABRE

21 Rue Allende, 17000 La Rochelle, France

Esta obra foi impressa em sistema digital sob demanda e corresponde ao consumo de 1,2 árvores reflorestadas sob a norma ISO 14001.
RECICLE SEMPRE.

Responsabilidade
Livros
Sob demanda
Ambiental

Linear B
gráfica
www.linearb.com.br
Tel.(11)3812-2817